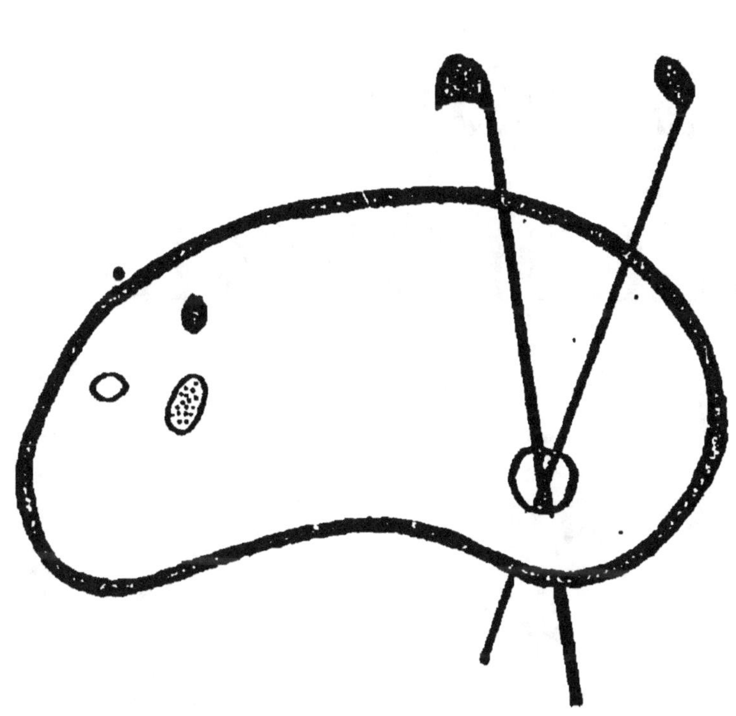

DEBUT D'UNE SERIE DE DOCUMENTS
EN COULEUR

CAMILLE GORJU

LE BLOC
FRANCOLONIAL

PARIS (5ᵉ)

M. GIARD & É. BRIÈRE

LIBRAIRES-ÉDITEURS

16, RUE SOUFFLOT ET 12, RUE TOULLIER

1917

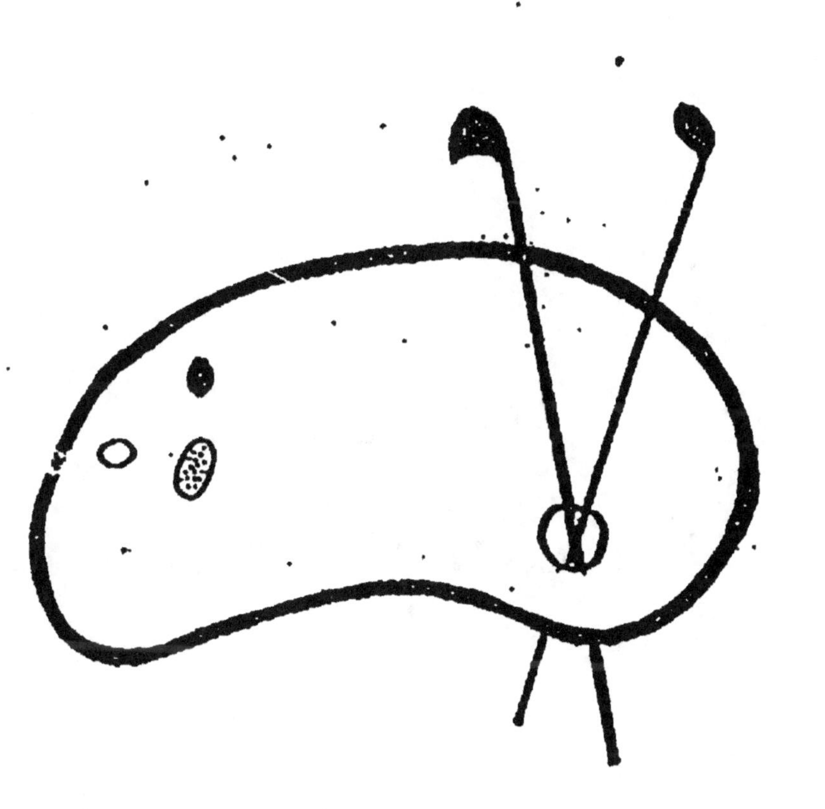

FIN D'UNE SERIE DE DOCUMENTS
EN COULEUR

LE BLOC

FRANCOLONIAL

CAMILLE GORJU

LE BLOC FRANCOLONIAL

PARIS (5ᵉ)

M. GIARD & É. BRIÈRE

LIBRAIRES-ÉDITEURS

16, RUE SOUFFLOT ET 12, RUE TOULLIER

1917

INTRODUCTION

En 1870, la France possédait un domaine colonial d'une superficie de 750.000 kilomètres carrés, peuplé de 5 millions d'habitants.

Sous la Troisième République, ce domaine est passé à plus de 10 millions de kilomètres carrés pour une population de près de 50 millions d'habitants.

Quand, aux armes de son blason, elle eut joint le chevron colonial, la France conserva la superbe de ses vieux gentilshommes qui ne battent pas monnaie de leurs titres de noblesse.

Si le geste est bien, s'il est bon de le marquer, il faut cependant voir les choses sous un jour plus prosaïque. Les temps de la chevalerie sont passés, la guerre l'a prouvé. Sur les champs de bataille, l'heure n'est plus aux combats héroïques, à poitrine et visage découverts, au respect des traités, de la parole et de la signature données, c'est la guerre de termites, à la mine, à la grenade et au couteau, la figure masquée contre le danger des gaz délétères, c'est ce que chacun de nous connaît, la hideuse guerre que nos adversaires nous ont imposée.

Sur le terrain économique, c'est la volonté, au mépris du droit des gens et des nations, de s'emparer du bien d'autrui, par quelque moyen que ce soit.

C'est cette constatation qui nous a réveillés de notre torpeur, c'est son souvenir qui modifiera notre façon de voir et d'agir, en nous faisant considérer notre empire colonial non comme un objet de luxe, mais bien comme un capital de rapport qu'il faut exploiter, comme un prolongement de la France qu'il faut rattacher par toutes ses fibres à la Patrie.

Au début de la guerre, nos adversaires nous ont, à plusieurs reprises, laissé entendre qu'en cas de défaite, il constituerait notre rançon. A l'heure de la victoire, ne l'oublions pas. A nous de modifier la mise en œuvre de nos conceptions coloniales. A nous d'organiser l'immense et superbe domaine, objet de la convoitise de nos voisins, héritage de gloire, de vaillance et de vertus militaires que nous ont légué nos ancêtres.

C'est, pratiquement, la suite logique de l'organisation économique intérieure (1), l'organisation intégrale et systématique du bloc francolonial, de la plus grande France.

Mai 1917

(1) Une Constitution économique (Giard et Brière).

Le Bloc Francolonial

LE RÊVE COLONIAL ALLEMAND

Aussi bien, durant la crise austro-serbe, guet-apens qui fut le prélude de la guerre européenne, que pendant la durée des hostilités, les pangermanistes de la surnation, impérialistes, herr doktors ou socialdemokrates, surhommes de toutes classes et de toutes catégories s'attachèrent au double jeu de mener les ficelles de l'intrigue, tout en protestant à grands cris de leur innocente bonne foi.

Bien qu'à cet égard les opinions soient faites — le monde entier l'a prouvé depuis — bien qu'il soit établi que l'empire allemand voulait et préparait depuis longtemps la guerre, comme il a été vérifié également que la mobilisation était en cours depuis l'attentat de Sarajevo, il est cependant intéressant de chercher, dans cet édifice de fausse bonhomie, les fissures par lesquelles apparaissent les causes réelles de cette volonté de guerre et le but poursuivi.

Ces causes ne sont évoquées que rarement, aux périodes tragiques ou triomphantes, dans les moments de douloureuse explosion ou de confiance absolue.

La première manifestation de sincérité est fournie par le chancelier de l'empire, Bethmann-Hollweg, dans sa conversation avec Sir E. Goschen, ambassadeur de Grande-Bretagne, à Berlin, le 29 juillet 1914.

Dans le livre bleu anglais (document n° 33), Sir E. Goschen relate comme suit, dans son rapport télégraphique à Sir Edward Grey, son entrevue avec le chancelier.

« On m'a prié d'aller voir le chancelier
« ce soir, Son Excellence venait de rentrer
« de Postdam. Il me dit que si la Russie
« attaquait l'Autriche, il craignait qu'une
« conflagration européenne ne devînt iné
« vitable, étant données les obligations

« qu'imposait à l'Allemagne son alliance
« avec l'Autriche, malgré les efforts qu'il
« ne cessait de faire pour le maintien de la
« paix.

« Ceci dit, il continua la conversation en
« offrant une forte enchère pour s'assurer
« la neutralité britannique. Il me dit que,
« selon sa conception du principe essentiel
« de la politique britannique, la Grande-
« Bretagne ne consentirait jamais à se tenir
« à l'écart de façon à laisser écraser la
« France dans un conflit qui pourrait avoir
« lieu. Là, cependant, n'était pas le but de
« l'Allemagne. Si la neutralité de la Grande-
« Bretagne était assurée, son Gouverne-
« ment recevrait toutes les assurances que
« le Gouvernement impérial n'avait pour
« but aucune acquisition territoriale aux
« frais de la France, en supposant que la
« guerre s'ensuivît, et qu'elle se terminât à
« l'avantage de l'Allemagne.

« J'ai posé, à son Excellence, une ques-
« tion au sujet des colonies françaises. Il
« me répondit qu'il ne pouvait s'engager
« d'une manière semblable à cet égard.

Ainsi donc, pour la première fois, le 29 juillet 1914, par la voix autorisée du chancelier allemand, la volonté de l'Empire d'annexer tout ou partie des colonies françaises est formulée nettement et ce but semble suffisamment anodin pour écarter la Grande-Bretagne de toute intention d'immixtion dans le conflit.

En somme, dans l'esprit du chancelier et du Gouvernement allemand, le chiffon de papier sur lequel, avec la signature du roi de Prusse, figurait celle du roi d'Angleterre, le chiffon de papier pour lequel la Grande-Bretagne exigeait la reconnaissance de la valeur de sa signature, c'était, pour la France, l'enjeu de son domaine colonial.

A l'heure des premières victoires, l'opinion s'accentue, le but se précise, le point de direction est donné à la masse.

Malgré la censure, M. Maximilien Harden put écrire alors dans la revue (*Zukunft*) :

« Renonçons à nos misérables efforts
« pour excuser l'action de l'Allemagne,
« cessons de déverser de méprisables

« injures sur l'ennemi. Ce n'est pas contre
« notre volonté que nous nous sommes
« jetés dans cette aventure gigantesque.
« Elle ne nous a pas été imposée par sur-
« prise. Nous l'avons voulue, nous devions
« la vouloir. Notre force créera une loi
« nouvelle en Europe. C'est l'Allemagne
« qui frappe. Quand elle aura conquis de
« nouveaux domaines pour son génie, alors
« les prêtres de tous les dieux vanteront
« la guerre bénie. L'Allemagne ne fait pas
« cette guerre pour punir des coupables ou
« pour libérer des peuples opprimés et se
« reposer ensuite dans la conscience de sa
« magnanimité désintéressée. Elle la fait
« en raison de la conviction immuable que
« ses œuvres lui donnent droit à plus de
« place dans le monde et à de plus larges
« débouchés pour son activité. L'Espagne
« et les Pays-Bas, la France et l'Angleterre
« ont saisi, colonisé de grands territoires,
« les plus fertiles du monde. L'heure de
« l'Allemagne a maintenant sonné et elle
« doit prendre sa place de puissance diri-
« geante dans le monde. »

Donc, à l'instant critique où il fallait à tout prix maintenir la Grande-Bretagne dans la neutralité, c'étaient seules, les colonies françaises que visaient l'Allemagne comme à l'heure où la victoire germanique semblait se dessiner, c'étaient encore nos colonies qui étaient désignées comme rançon de la défaite.

A l'usage des neutres, l'indication était non moins précise.

Aux Etats-Unis, avril 1915, M. Rudolf Martin, ancien ministre allemand de l'Intérieur, soutenait la même thèse pour les Américains.

« Après deux ans de guerre, écrivait-t-il,
« l'Allemagne dictera la paix à Londres.
« Les conditions comprendront le versement
« par les Alliés d'indemnités dont le
« montant variera entre 100 et 150 mil-
« liards de francs.

« L'Angleterre sera obligée de céder
« l'Egypte à la Turquie et les Indes à
« l'Allemagne.

« La France perdra l'Algérie, la Tunisie
« et le Maroc. Le Canal de Suez ira à la
« Turquie.

« La Serbie sera annexée à l'Autriche et
« la Bessarabie reviendra à la Roumanie. »

En Suisse, on lisait fin juin dans le (*Berner
Tagwacht*) cette déclaration des agrariens
allemands, qui constituent le parti le plus
puissant de l'Empire :

« Lorsque le chancelier déclara, le
« 28 mai, que dans une guerre de conquête,
« il se savait d'accord avec les agrariens
« allemands, il avait reçu d'eux, le 10 mars
« et le 20 mai, un mémoire confidentiel
« signé du docteur Rossicke pour la ligue
« agrarienne, Vacchorst de Voûte pour la
« ligue des paysans, Rochger pour l'asso—
« ciation centrale industrielle, Friedrichs
« pour la ligue industrielle et Therbe pour
« la ligue bourgeoise.

« Ce mémoire ne veut pas entendre
« parler de paix séparée entre l'Allemagne
« et l'Angleterre.

« Il exige, indépendamment d'indemnités
« de guerre, la conquête d'un empire
« colonial.

C'est donc, devant une perspective d'hé-
gémonie, la négation absolue, totale, de

toutes les affirmations d'innocence passées ou présentes et l'accord parfait de tous les groupements au sujet de la conquête du domaine colonial français.

N'était-ce pas d'ailleurs la suite logique, la confirmation de la politique allemande des quinze dernières années ?

Qu'était-ce, en somme, toutes ces provocations d'avant-guerre, et le théâtral débarquement du kaiser à Tanger au printemps de 1905 et l'arrivée de (*la Panther*) dans le port d'Agadir, le dimanche 7 juillet 1911, sinon des manifestations à but d'expansion coloniale ?

L'affaire des déserteurs de Casablanca en 1908 posait encore le problème colonial à propos de la légion étrangère, tout comme en 1912, après la guerre balkanique, la création du royaume d'Albanie, avec un prince prussien à sa tête posait, après l'annexion bosniaque par l'Autriche, la volonté austro-allemande de maîtrise dans l'Adriatique, base d'expansion coloniale.

Le but initial avéré, l'intérêt se reporte aux conséquences et aux parades.

LA QUESTION DE POPULATION

L'accroissement ou l'arrêt de la natalité pose, au début du xx° siècle, le problème mondial de répartition des éléments territoriaux sous un jour complètement nouveau. Au nom du droit au soleil, les possessions territoriales des nations devraient être, semble-t-il, en rapport étroit avec leurs forces numériques et si, de prime abord, cette conception de la loi de répartition paraît reposer sur une base équitable, il ne faut pas oublier que les conditions vitales se sont complètement transformées depuis un demi-siècle et que le problème ne peut et ne doit être posé sous un angle aussi restreint.

Examinons la situation numérique planétaire dans l'ensemble de ses grandes lignes.

	Superficie en millions de Km²	Population en millions	Population par Km²
Europe.	10	460	46
Asie	44	900	20.4
Afrique	29	155	5.3
Amérique	38	180	4.7
Océanie	14	55	3.9

Il ressort de ces chiffres que, dans le monde, à défaut de la loi naturelle de juste répartition, la loi des minorités possède quelque valeur, puisque l'Europe, avec ses 10 millions de kilomètres carrés et ses 460 millions d'habitants, reste le pivot moral, intellectuel et vital de plus d'un milliard d'individus occupant des territoires d'une superficie plus de douze fois supérieure à la sienne et sans rapport aucun au point de vue de la densité.

Voici maintenant la situation numérique des principaux et premiers États engagés ou intéressés de gré ou de force dans le conflit.

	Superficie en milliers de Km²	Population en millions	Population par Km²
Russie.	5 556	180	33
Autriche-Hongrie . .	676	52	77
Allemagne.	540	65	120
France	536	39.6	74
Grande-Bretagne . .	314	45	144
Italie	286	35	123
Pays-Bas	33	6	185
Belgique	29	7.5	255

La situation numérique, au point de vue strictement européen, présente donc des anomalies caractéristiques quant à la den-

sité de la population par rapport à la superficie.

L'Allemagne qui, depuis un demi-siècle,
est la cause unique de l'étreinte militaire et financière qui pèse si lourdement
sur toute l'Europe, qui fut le principe direc-
teur d'où sortit la plus formidable héca-
tombe de vies humaines que l'histoire ait
enregistrée, se présente au point de vue
numérique sous un aspect tout à fait inat-
tendu. Alors qu'en 1871, après l'unification
des Etats confédérés, l'Empire allemand
avait une population sensiblement égale à
celle de la France (41 millions d'Allemands
contre 36 millions de Français), il a vu sa
population s'élever, en 45 ans, à 65 millions
d'individus, se plaçant ainsi au deuxième
rang numérique, derrière la Russie.

Son développement industriel accrois-
sant les centres urbains au détriment des
campagnes, ne tarda pas à déséquilibrer sa
puissance économique et l'échange de ses
produits manufacturés contre des produits
agricoles le rendit tributaire du monde entier. De là à dire qu'un accroissement de

population nécessite un accroissement de territoire, il n'y eut qu'un pas qui fut vite franchi.

Peu de temps avant la guerre, le général von Bernhardi, examinant la question de conquête, la présentait ainsi au point de vue droit.

« La question de savoir où réside le « droit, écrivait-il, ne peut être tranchée « que par la guerre. Les nations faibles « n'ont pas le droit à l'existence et elles « doivent être absorbées par les nations « puissantes. Les grands problèmes de la « civilisation et de l'humanité ne peuvent se « réaliser complètement que par l'épée. « Même parmi les peuples civilisés, la « guerre demeure la forme de procès qui « rend valables les droits des États. »

Son opinion exposée sur la valeur du droit, voici de quelle façon dans son livre (*La guerre d'aujourd'hui*), il envisageait la nécessité pour l'Allemagne d'un accroissement de territoire.

« L'Allemagne, disait-il, nourrit présen- « tement sur une étendue qui est à peu près

« celle de la France, 65 millions d'habi-
« tants, tandis qu'en France, il n'y en a que
« quarante millions. Cette population énorme
« s'accroît tous les ans d'un million. Il est
« impossible que l'agriculture et l'industrie
« de la mère patrie puissent procurer à une
« masse d'hommes croissant dans une telle
« proportion, un travail rémunérateur. Nous
« avons donc besoin d'accroître notre em-
« pire pour assurer à notre surcroît de
« population des moyens d'existence et de
« travail. Une pareille acquisition ne nous
« est possible qu'au détriment des autres
« États. »

. Que cette théorie soit celle du principe anarchiste, nul ne le contestera. Mais enfin, nous quittons le cas de légitime défense, comme les discussions nuageuses de la pédante supériorité des procédés de kultur, désastreusement prouvée, pour poser la question sur un terrain plus solide d'accroissement de population entraînant la nécessité d'acquisitions territoriales.

Nous ne discuterons pas les moyens préconisés, là, la parole est au canon. Nous

nous en tiendrons strictement à la seule discussion de sa valeur, en tant que nécessité naturelle d'accroissement de territoires.

Par la voix de son pontife, von Bernhardi, l'Allemagne étale avec orgueil la faculté prolifique de sa race et oppose ses 65 millions d'habitants, 120 par kilomètre carré, aux 40 millions de Français, 74 pour une superficie identique. Puis, au nom du droit de vivre, du droit au soleil, elle conclut à une répartition plus juste et plus proportionnée de la superficie territoriale.

La première erreur, insuffisamment prévue par von Bernhardi, est que la question ne se pose pas du tout au point de vue exclusif des deux nations, mais de l'Europe, étant donné que la présenter sur ce terrain, c'est mettre en jeu tour à tour, dans des revisions successives et périodiques, toutes es nations du continent.

Or, nous voyons que si la puissance numérique de l'Allemagne la porte au 2ᵉ rang des nations européennes, sa puissance densitaire n'est qu'un bluff puisque, loin de battre un record, elle n'arrive que cinquième dans le classement européen, comme le démontre le tableau ci-dessous.

	Population en millions	Population par Km²
Belgique	7.5	255
Pays-Bas	6	185
Grande-Bretagne	45	144
Italie	35	123
Allemagne	65	120

Les quatre premiers Etats réunissent donc une population globale de plus de 93 millions d'habitants — près de 30 millions de plus que l'Allemagne — répartis à raison d'une moyenne de 141 habitants par kilomètre carré, 21 de plus que la moyenne densitaire allemande.

Envisageons maintenant la question au point de vue même de la guerre, puisque la guerre devait mettre fin à ce déplorable état de choses.

L'Allemagne, dans son idéal de juste répartition, s'assure le concours du (brillant second), non pas pour réaliser une moyenne, ce qui eut cependant été logique, puisque la moyenne densitaire de la population austro-hongroise est la même que celle de la France, mais, bien au contraire, en vue d'expansion commune. Cet assemblage hétéroclite, opposé à la conception bernhardienne, base économique du conflit, donne la situation suivante :

	Superficie en milliers de Km²	Population en millions	Population par Km²
Allemagne	540	65	120
Autriche-Hongrie . .	676	52	77

Soit au total 117 millions d'habitants, répartis à raison d'une moyenne de 95 par kilomètre carré qui partent en guerre au nom d'une répartition plus équitable des territoires. De quelle façon? L'étude comparative devient intéressante.

A l'ouest, but principal, on pourrait dire but unique de l'effort résultant des convoitises, la situation se présente ainsi chez les alliés.

	Superficie en milliers de Km²	Population en millions	Population par Km²
Belgique	29	7.5	255
Grande-Bretagne .	314	45	144
Italie	286	35	123
France	536	40	74

Soit au total, 127 millions d'habitants, c'est-à-dire 10 millions de plus que le groupe germano-austro-hongrois, répartis sur une superficie territoriale à raison d'une moyenne de 110 habitants par kilomètre carré, soit 15 habitants de plus par kilomètre carré que les empires du centre.

Dans la péninsule balkanique, le problème se pose avec autant de non sens.

La Grèce, avec ses 37 habitants par kilomètre carré, fait risette à la Bulgarie qui compte 42 habitants par kilomètre carré, pour s'étendre en Serbie qui, elle, en compte 55 sur la même étendue. D'ailleurs, cette question de proportion entre la superficie et la population est tellement saugrenue, que les empires centraux eux-mêmes ne sont jamais parvenus, à beaucoup près, à la réaliser sur leurs territoires. L'Autriche répartit ses 30 millions de sujets à raison de 95 par kilomètre carré, la Hongrie ses 20 millions d'individus à raison de 64 sur la même étendue. L'Allemagne voit se répartir sa population à raison de 94 habitants par kilomètre carré en Bavière, 135 dans le Wurtemberg, 142 dans le duché de Bade, 167 dans le duché de Hesse et 32υ en Saxe. Un simple écart de 226 habitants par kilomètre carré entre les 7 millions de Bavarois et les 5 millions de Saxons.

Et c'est en invoquant de semblables stupidités qu'on prétend marcher au nom de l'équité. Ce sont de pareilles billevesées que des chefs de hordes ont l'audace de développer en formules de droit.

Cependant, la question de droit réglée, il serait puéril de ne pas voir la situation en face et dangereux de ne pas chercher les résultats susceptibles de sortir de la faculté prolifique d'une race pénétrée de sophismes et d'orgueilleuse outrecuidance. Dans cet esprit, voyons quels sont les changements survenus en Europe du fait de la proportion d'accroissemént de la natalité dans les grandes puissances européennes.

Voici le tableau comparatif de la population, depuis 1870, des six grands états belligérants :

	1870	1910
France	36.1	39.6
Grande-Bretagne	31.8	45.6
Russie	73.5	135
Italie	26.8	34.6
Allemagne	41.1	64.9
Autriche-Hongrie	35.7	51.4

Le recensement de la population de la Russie, fait en 1915, a accusé un chiffre global de 182.182.600 habitants.

Reconnaissons-le, la France est en état d'infériorité notoire quant à l'accroissement de la natalité sur le continent.

Il n'entre dans cette étude, ni de rechercher les causes, ni de prévoir les moyens susceptibles de remédier à cet arrêt de la natalité. La solution du problème est peut-être, sans pouvoir l'affirmer parce que trop complexe, au pouvoir des sociologues et des hygiénistes. Pour nous, nous prenons les choses en l'état où elles sont, sans même nous bercer de trop d'illusions sur les résultats possibles d'un accroissement de natalité suivant le cauchemar des hécatombes de la guerre.

Donc, au point de vue numérique et européen, la situation actuelle de la France ne paraît pas des plus brillantes. D'après les chiffres globaux, d'après les proportions d'accroissement, elle ne l'était pas avant la guerre. C'est, d'ailleurs, la comparaison des situations qui permit au vieux de Moltke de prononcer le mot qu'on lui prête : (Chaque année écoulée est pour moi l'équivalent d'une victoire). Si les faits sont venus fort heureusement se charger de prouver le contraire, cette situation ne va pas, de prime abord, se présenter dans de meilleures conditions.

Quelles seront, après la guerre, les situations respectives des deux puissances ?

Voici, en milliers d'habitants, le tableau des naissances dans les deux pays au cours des quinze années qui ont précédé la guerre. Ces catégories n'auront été, vraisemblablement, que peu atteintes par le conflit et, dans quinze ans, constitueront les forces militaires, économiques et sociales des deux pays.

Années	France	Allemagne
1898	843	1.964
1899	847	1.980
1900	827	1.996
1901	857	2.032
1902	845	2.024
1903	826	1.983
1904	818	2.025
1905	807	1.987
1906	806	2.022
1907	772	1.999
1908	792	2.015
1909	769	1.978
1910	774	1.924
1911	742	1.870
1912	750	1.869
	12.075	29.668

Donc, dans quinze ans, la population
active des deux puissances — mortalité nor-
male à défalquer — sera en Allemagne,
pour cette seule génération, supérieure de
8 à 10 millions d'habitants à celle de la
France.

Quelque paradoxal que cela paraisse à
première vue, malgré les longues listes de ses
soldats morts, malgré ses millions d'hommes
disparus, malgré ceux qui disparaîtront
encore des suites de leurs blessures ou de

maladies contractées en campagne, la situation de la population allemande, en tant qu'élément économique, ne sera donc que très momentanément modifiée après la guerre, comme elle aura, dans un laps de temps très court, réalisé à nouveau sa supériorité numérique.

En somme, il semble que l'empire allemand doit tracer, comme conséquence de cette guerre, une courbe de puissance économique qui va immédiatement baisser pour remonter, en progression constante, dans les années suivantes et redescendre passagèrement dans une quinzaine d'années.

Ce qu'il faut clairement envisager à l'heure actuelle, c'est que l'aspiration d'expansion mondiale, qui fut l'unique cause de la guerre, réapparaîtra infailliblement du fait de l'accroissement de la population allemande.

Au point de vue strict que se plaisait à développer l'empire allemand aux heures de crise aiguë de mégalomanie collective, à première vue, le plateau de la balance penche à son avantage. Heureusement pour nous, il est un autre point de vue plus réel, plus logique, qui remet la France à sa place exacte dans le concert des nations, la troisième au point de vue numérique derrière la Grande-Bretagne et la Russie, la première au point de vue de la faculté d'assimilation, de la souplesse à combler le déficit causé par un excès de civilisation.

LE DOMAINE COLONIAL

Voici la situation générale du domaine colonial qui, d'après les ambitions et les visées allemandes, paraît une nécessité due à l'accroissement de leur population et au développement de leur puissance économique.

Cet exposé n'est pas une étude détaillée du domaine colonial, mais mieux un état comparatif des puissances d'outre-mer, permettant d'apercevoir dans son ensemble les situations respectives des puissances européennes.

	Superficie en milliers de Km².	Population en millions
Grande-Bretagne	29.760	350
France	10.113	49
Pays-Bas	2.045	38.
Belgique	2.382	20
Allemagne	2.913	15

Il apparaît donc qu'au point de vue colonial, seuls, cinq Etats européens se sont partagés les principaux territoires coloniaux. Parmi ces cinq Etats, les Pays-Bas et la Belgique ont, tous deux, une armée insuffisante pour régler par les armes, sur le territoire européen, la question coloniale. La valeur du domaine colonial belge fait d'ailleurs mieux comprendre le désir d'annexion de la Belgique à l'empire germanique et les menées allemandes au Pays-Bas.

Il ne reste donc en Europe que trois Etats ayant développé leur territoire colonial. Ces trois Etats sont la Grande-Bretagne, la France et l'Allemagne.

Quelles sont, dans leurs grandes lignes, leurs situations coloniales respectives?

A. — La Grande-Bretagne qui occupe dans le monde une situation coloniale prépondérante possède, avec sa superficie métropolitaine, trente millions de kilomètres carrés, soit un peu moins du quart de la superficie terrestre mondiale.

Sur cette superficie vivent près de 400 millions d'habitants, le quart environ de la population totale.

Ses principaux groupements se résument à peu près comme suit :

	Superficie en milliers de Km²	Population en millions
Inde	5.036	290
Egypte	994	9.8
Fédération canadienne	8.288	5.5
Fédération australienne . . .	7.929	5
Afrique du sud	3.000	6

Indépendamment de ces cinq groupements importants, véritables puissances autonomes sous la direction britannique, l'Afrique orientale, la Nigeria, la Guyane, etc., constituent le domaine colonial britannique.

B. — La France vient au second rang comme puissance coloniale.

Sa situation peut, dans ses grandes lignes, se résumer ainsi :

		Superficie en milliers de Km²	Population en milliers
Afrique.	Algérie	575	5.500
—	Tunisie	120	1.900
—	Afrique occidentale.	3.942	11.000
—	Afrique équatoriale .	1.478	8.900
—	Sahara	2.394	400
—	Madagascar et îles de l'Océan Indien . .	592	3.270
—	Somalie	120	200
Asie.	Indo-Chine et possessions de l'Inde. . .	803	17.280

	Superficie en milliers de Km.	Population en milliers
Amérique. Guadeloupe, Martinique, Guyane et Saint-Pierre. . . .	81	430
Océanie. Nouvelle - Calédonie et îles du Pacifique.	24	80

Il convient d'ajouter à ce domaine l'immense et riche territoire du Maroc dont les statistiques de population manquent forcément encore de précision.

C. — L'origine des colonies allemandes date de 1883. La politique mondiale allemande est de date plus récente. C'est en janvier 1896 que Guillaume déclarait : De nation continentale, l'Allemagne doit devenir nation mondiale.

Dès lors, dernière venue au partage colonial, l'Allemagne, au gré des circonstances et par tous les moyens, traités, affermage ou achats, a constitué un domaine d'outre-mer d'une superficie de près de trois millions de kilomètres carrés peuplé de quinze millions d'habitants.

Au début de la guerre, sa situation se résumait ainsi :

	Superficie par Km²	Population en milliers
Afrique. Togo	87.200	1.000
— Cameroun	750.600	3.778
— Sud-ouest africain	835.100	81
— Afrique orientale	995.000	10.000
Océanie. Nouvelle Guinée et dép.	242.476	584
— Samoa	2.572	37
Asie. Kiao-Tchéou	552	169

La presque totalité de ces territoires, sauf une fraction de l'Afrique orientale est, à l'heure actuelle, aux mains des puissances de l'Entente.

LA PLUS GRANDE FRANCE

Si, après cet exposé succinct, sans rapport avec une étude approfondie et précise, mais suffisant pour permettre un aperçu exact de l'ensemble, il nous plaît de résumer la population totale des pays européens réunis à leurs domaines coloniaux, nous nous trouvions, au début de la guerre, dans la situation suivante :

	Population en millions
Grande-Bretagne	400
Russie (et Sibérie).	188
France	90
Allemagne	80
Autriche-Hongrie	52
Pays-Bas	44
Italie	35
Belgique	27

A noter toutefois qu'actuellement, les 15 millions d'habitants des colonies allemandes ne figurent que pour mémoire et à titre comparatif, dans l'empire allemand.

Or, contrairement à l'assertion allemande, les colonies représentent bien, à l'heure actuelle, l'effort militaire vient de le prouver, moins des déversoirs de puissance humaine que des blocs constitués soudés aux puissances protectrices.

En 1870, notre domaine colonial n'existait pour ainsi dire plus puisque, ainsi que nous l'avons vu, il comprenait alors une superficie de 750.000 kilom², habité par 5 millions d'individus (l'Algérie comprenant à elle seule 4 1/2 millions d'habitants sur une superficie de 575.000 kilom²). Ce domaine est passé aujourd'hui à 10 millions de kilomètres carrés et 50 millions d'habitants.

Après la défaite, alors que notre possibilité de revanche était problématique, devant le développement de la population allemande et l'accroissement de son activité économique, la nécessité s'imposait de créer un contrepoids par l'adjonction de domaines coloniaux à la Métropole.

Ce restera pour la Troisième République sa gloire de l'avoir compris et sa fierté de l'avoir réalisé.

Mais constatation faite de la constitution de cette force, de la réalisation de cette puissance qui nous remet au troisième rang parmi les Etats européens, reconnaissons cependant que l'unité ne s'est pas suffisamment consolidée, que l'organisation d'ensemble basée sur la connaissance des intérêts et des besoins réciproques a fait défaut.

Ce bloc francolonial, comment le parachever?

A notre avis, il n'est qu'un terrain permettant de le souder indissolublement, le terrain économique.

Ne nous leurrons pas de fausses illusions. Qu'il soit juste de donner à nos colonies les satisfactions civiques du citoyen ou les droits de naturalisation pour les indigènes, qu'il soit équitable de leur laisser une part effective dans les Assemblées électives, conseils généraux, d'arrondissements ou municipaux, rien de plus juste. Cependant, ce premier résultat, qui répond d'ailleurs pleinement à notre méthode actuelle et surannée de centralisation administrative, aura plus pour effet d'assurer à nos colonies un moyen de répartition de dépenses collectives qu'une certitude d'augmentation de recettes individuelles.

Or, comme il est à présumer que les dépenses collectives augmenteront, il faut,
pour que la machine fonctionne et que la
balance s'établisse, que les recettes individuelles s'accroissent proportionnellement par
une augmentation progressive de la production et des échanges.

C'est alors que s'impose la nécessité d'une
organisation intégrale.

Pour y arriver, il n'y a pas un moyen,
mais presque autant de moyens que nous
possédons de colonies. Et c'est là que s'établit la différence des procédés de colonisation de la Grande -Bretagne et de la France.

Alors que la Grande-Bretagne donne à
chacune de ses colonies sa presque autonomie, alors que dans les rapports de la
Métropole et de ses colonies, il n'est tenu
compte que des intérêts de ces dernières,
par rapport à leur complet développement,
en France, dans un système de centralisation absolue, tout se concentre à Paris.

Que le système centraliste ait fait la France

ce qu'elle est aujourd'hui, c'est entendu. Mais s'il est permis, au point de vue économique, d'espérer pour le développement de la Métropole un élargissement du système plus conforme aux besoins régionaux, ce besoin de décentralisation devient une nécessité pour le domaine colonial. Et il est permis de dire que la centralisation outrancière qui fut la cause de l'unité française fournit, au point de vue colonial, un résultat diamétralement opposé.

Il manque, au point de vue économique, un élément de liaison, complètement indépendant de l'Administration et ce qui manque pour le créer, c'est l'autonomie économique de nos puissances coloniales.

Pour mieux développer notre pensée, tentons les bases d'un procédé de décentralisation créant autonomie par groupes.

Une des particularités intéressantes du domaine colonial français est que ses colonies sont groupées.

Dans cet esprit, il est possible de classer six grands groupements que l'on peut répartir ainsi :

	Population en milliers	
Fédération nord-africain		
Algérie	5.500	7.400
Tunisie	1.900	
Fédération centre-africain		
Afrique occidentale	11.000	
Afrique équatoriale	9.300	20.500
Somalie	200	
Fédération sud-africain		
Madagascar et îles de l'Océan Indien.	3.270	3.270
Fédération asiatique		
Indo-Chine et possessions de l'Inde .	17.280	17.280
Fédération américaine		
Guadeloupe, etc.	436	436
Fédération océanienne		
Nlle-Calédonie et îles du Pacifique. .	87	87

Il apparaît donc six groupements coloniaux français réclamant chacun une autonomie économique relative, entraînant par conséquent la représentation des besoins économiques locaux, dans des Chambres spéciales à visées exclusivement économiques.

Et si l'on veut envisager cette représentation des nécessités économiques dans des Parlements économiques assouplis aux usages et aux besoins des centres coloniaux intéressés, on tisse immédiatement sur tout l'empire francolonial, un lien intime de toutes les fractions éparses de cette puissance par un contact au moins annuel avec un Parlement économique de la Métropole.

Qui donc oserait soutenir que, pour des peuples jeunes encore, cette qualité de citoyen, avec le suffrage universel pour le vote de représentants exclusivement économiques, c'est-à-dire correspondant à leurs intérêts immédiats, ne serait pas, pour l'instant tout au moins, supérieur au droit d'envoyer siéger un des leurs au Palais Bourbon?

Ce moyen de rattacher les colonies à la Métropole par des Parlements économiques élus au suffrage universel et réunis annuellement à un Parlement économique de la Métropole dans une consultation au cours de laquelle s'expliqueraient et se développeraient les besoins et se noueraient affaires et relations, serait parfaitement capable d'attacher indissolublement à la Métropole, par des liens d'intérêts bien compris toutes les colonies françaises.

Nous ne sommes plus à une époque où l'on se paie de mots. Les événements ont

prouvé que la grande Révolution qui, avec
la liberté, nous apportait la suppression de
toutes les charges, dîmes et cens qui écra-
saient la France avant 1789, commit cependant l'erreur, par excès de manifestation
d'indépendance, de supprimer, plutôt que
de le modifier dans un sens libéral, le ré-
gime des corporations.

Sans moyen de défense, le monde du travail souffrit et ne récupéra la plénitude de
sa force qu'à la constitution des syndicats
professionnels. Que ces syndicats aient dé-
vié en partie de l'esprit dans lequel ils
avaient été constitués, c'est un fait, mais
leur constitution répondait à un besoin.

Le titre de citoyen entraînant la jouis-
sance des droits civils et politiques était
insuffisant pour répondre, avec l'isolement
individuel, aux besoins généraux de la vie.
La situation coloniale peut, à certains points
de vue, se comparer à la situation de la
France après 1789 et ce titre de citoyen ne
représente pas pour des peuples jeunes, un
idéal suffisamment palpable, s'il ne corres-
pond pas à un accroissement de bien-être.

Pour certaines de nos colonies, tout au moins, il peut n'avoir de valeur que s'il représente quelque chose de tangible, correspondant à l'extension de l'activité économique de la colonie, c'est-à-dire à l'accroissement de bien-être individuel. Alors qu'au contraire, ce bulletin de vote vers une discussion de l'intérêt personnel représenté par l'intérêt général a une signification immédiate, celle d'améliorer le sort de la vie quotidienne. Il a également une signification d'avenir, celle d'attacher à la Métropole par tous les éléments individuels et généraux, les colonies qui, par cette Métropole, deviendront graduellement et continuellement prospères.

C'est d'ailleurs l'application du principe anglais, de ce principe de colonisation intégrale qui fait que les colonies font véritablement partie intégrante de la mère patrie.

Cet effort que nous n'avions pas cru assurer auparavant par intérêt pour la Métropole, faisons-le aujourd'hui par reconnaissance pour le dévouement de nos colonies, faisons-le dans l'intérêt de ceux qui sont des

nôtres, qui ont défendu notre territoire, faisons-le aussi, pourquoi ne pas l'avouer,
dans l'intérêt général contre l'ennemi com-
mun. Car l'évolution constante des peuples,
évolution dont nous sommes les précurseurs
et les initiateurs depuis 1789 s'étend pro-
gressivement et le jour n'est peut-être pas
éloigné où la voix libératrice ne retiendra à
la mère patrie que ceux qui y seront atta-
chés par les liens du sang et de l'intérêt.

Le jour n'est peut-être pas éloigné où, au
nom du droit de vivre, les pays trop peu-
plés s'étendront pacifiquement, mais impla-
cablement sur les pays de population moins
dense. Et ne savons-nous pas que, si au
lieu de la manière forte, de la brutalité et
de la sauvagerie qui l'a mise au ban des
nations, l'Allemagne s'était contentée de la
pénétration pacifique qu'elle avait appliquée
et si bien réalisée dans la période d'avant-
guerre par des groupements qui, après plu-
plusieurs générations, restent toujours des
groupements compacts d'émigrés allemands
sans attache avec la terre d'annexion, nous
aurions pu assister à l'envahissement de

nos colonies par une minorité organisée et puissante, comme nous l'avons vu aux Etats-Unis.

Pratiquement, ces Parlements économiques ne seront vraisemblablement pas, surtout au début, susceptibles de création sur un modèle uniforme. Le Parlement de l'Afrique du Sud ne correspondra que de loin, comme valeur de production et d'échange et peut-être de représentation, avec celui de l'Afrique du nord, comme celui de la Fédération indo-chinoise nécessitera vraisemblablement d'autres bases que celui de la Fédération soudanaise.

Mais comme il faut un apprentissage de la liberté, il faut un apprentissage de la conception collective de ses intérêts.

Dans l'ensemble, l'esprit sera le même et ce sera dans le frottement de ces intérêts divers que se développera la conscience des intérêts réciproques.

*
* *

Comme corollaire à notre projet de Parlements économiques coloniaux, se présente, immédiatement après l'organisation rationnelle de nos colonies par décentralisation, la création dans la Métropole d'une foire coloniale annuelle.

Il n'entre nullement dans notre esprit l'idée d'exposition d'une cité coloniale où quelques indigènes nous offrent, moyennant une redevance, l'illusion d'un village annamite ou de cases du Dahomey.

Non, une foire véritable, un marché d'échantillons coloniaux où des commerçants, des producteurs, des représentants de nos centres africains, asiatiques, américains et océaniens viendraient chercher l'écoulement de leurs produits.

La Fédération nord-africain nous présenterait les produits agricoles, céréales, vins, oranges, coton, olives; les productions minérales, cuivre, fer, plomb, zinc, phosphates.

La Fédération centre-africain, le caoutchouc, le café.

La Fédération sud-africain, les bois précieux, le café, le sucre, la vanille, le cacao.

La Fédération asiatique, le riz, les céréales, la soie, le coton, le velours.

La Fédération américaine, le sucre, le café, le rhum, le cacao.

La Fédération océanienne, le bois, le nickel, le fer, le cuivre.

En un mot, une foire annuelle où seraient exposés, proposés, offerts à l'achat de la Métropole tous les produits qui constituent la richesse si mal exploitée de notre domaine colonial. Une foire annuelle qui, du simple fait de l'exposition de ses échantillons, rendrait plus de services au bloc francolonial, que tous les temples du commerce extérieur, tous les consulats, tous les jardins coloniaux. Une exposition économique coloniale annuelle où s'établiraient les relations commerciales, où fusionneraient économiquement les intérêts généraux et communs de la Métropole et de ses colonies.

Que cette exposition soit annuelle ou permanente, qu'elle siège régulièrement à Paris ou successivement ou simultanément dans la capitale, Marseille, Lyon, Bordeaux ou Lille, que les conditions du voyage en soient extrêmement modérées ou mieux encore gratuites — ce qui semble indiqué — ce sont là des principes d'application qui n'entrent pas dans le cadre de cette étude.

Ce que nous appelons, c'est un moyen de négocier, de se rapprocher, de s'entendre. Nous n'allons pas aux colonies, appelons les colonies chez nous.

Au surplus, l'idée n'est pas nouvelle.

La foire de Leipzig où, deux fois l'an, des négociants de tous les pays viennent vendre et acheter en Allemagne, est une exposition mondiale d'échantillons qui n'a pas été sans influence sur le développement économique de l'empire allemand. La dernière foire avant la guerre avait réuni 4.200 exposants.

Pendant la guerre, l'Angleterre a appliqué par deux fois le même principe, à Londres d'abord, à Birmingham ensuite.

En France, la ville de Lyon a fait deux tentatives semblables.

Or, il serait inadmissible que ce qui est tenté pour développer notre commerce international ne le soit pas pour rattacher à la mère-patrie le plus bel empire colonial qui se puisse rêver, 10 millions de kilomètres carrés, 50 millions d'habitants.

***

Pour terminer, résumons-nous.

Dans l'ensemble, ce qui ressort claire-ment, c'est que la lutte, celle qui subsistera tenace à tous les conflits militaires, tient toute dans le conflit économique.

Demain, après le traité de paix victorieux, se continuera farouche la guerre économi-que. Elle continuera, d'abord pour remédier immédiatement à la gêne universelle occa-sionnée par la guerre, elle continuera en-suite au nom de l'activité humaine. La France, déjà peu riche de population, se trouvera encore amoindrie, au point de vue métropolitain, du fait des pertes subies.

Cette situation, de prime abord périlleuse, se présente, vue dans son ensemble, sous un jour plein d'espérances.

Par la constitution d'une puissance fran-coloniale bien comprise, c'est un bloc de

90 millions d'habitants prêt à apporter sa collaboration, à peser du poids de son activité formidable et de sa richesse incontestable sur le développement universel.

A son point de vue propre, la France y a deux grands intérêts, celui de la population qui, de ce fait, contrebalance aussitôt les situations et réduit à néant toutes les théories bernhardiennes et son intérêt propre par un développement commercial immédiat très susceptible de faire baisser le coût de la vie.

Ce résultat exige une organisation. Nous la croyons possible sur une base exclusivement économique répondant aux intérêts de tous et de chacun.

De notre domaine colonial, soudons les parties éparses et attachons ce bloc à la Métropole, là est notre sauvegarde dans l'avenir.

Formons par des Parlements économiques en relation constante avec la Métropole, organisée elle-même économiquement, cet immense faisceau qui, de l'Algérie à Madagascar, du Soudan au Tonkin, créera la plus grande France, une et indivisible, le bloc francolonial.

TABLE

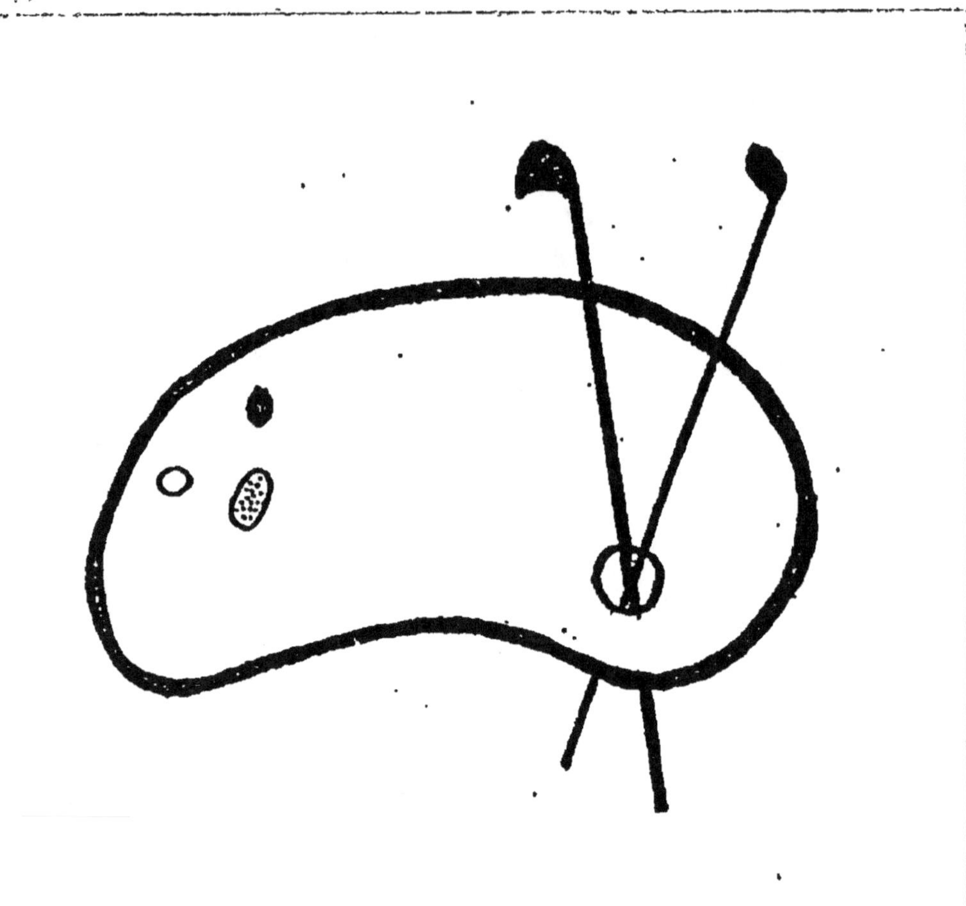